Gilles Leclair

Réflexions pour aujourd'hui...

Gilles Leclair

Réflexions pour aujourd'hui...
Un guide, un accompagnement pour réfléchir sur sa foi...

Éditions Croix du Salut

Impressum / Mentions légales
Bibliografische Information der Deutschen Nationalbibliothek: Die Deutsche Nationalbibliothek verzeichnet diese Publikation in der Deutschen Nationalbibliografie; detaillierte bibliografische Daten sind im Internet über http://dnb.d-nb.de abrufbar.
Alle in diesem Buch genannten Marken und Produktnamen unterliegen warenzeichen-, marken- oder patentrechtlichem Schutz bzw. sind Warenzeichen oder eingetragene Warenzeichen der jeweiligen Inhaber. Die Wiedergabe von Marken, Produktnamen, Gebrauchsnamen, Handelsnamen, Warenbezeichnungen u.s.w. in diesem Werk berechtigt auch ohne besondere Kennzeichnung nicht zu der Annahme, dass solche Namen im Sinne der Warenzeichen- und Markenschutzgesetzgebung als frei zu betrachten wären und daher von jedermann benutzt werden dürften.

Information bibliographique publiée par la Deutsche Nationalbibliothek: La Deutsche Nationalbibliothek inscrit cette publication à la Deutsche Nationalbibliografie; des données bibliographiques détaillées sont disponibles sur internet à l'adresse http://dnb.d-nb.de.
Toutes marques et noms de produits mentionnés dans ce livre demeurent sous la protection des marques, des marques déposées et des brevets, et sont des marques ou des marques déposées de leurs détenteurs respectifs. L'utilisation des marques, noms de produits, noms communs, noms commerciaux, descriptions de produits, etc, même sans qu'ils soient mentionnés de façon particulière dans ce livre ne signifie en aucune façon que ces noms peuvent être utilisés sans restriction à l'égard de la législation pour la protection des marques et des marques déposées et pourraient donc être utilisés par quiconque.

Coverbild / Photo de couverture: www.ingimage.com

Verlag / Editeur:
Éditions Croix du Salut
ist ein Imprint der / est une marque déposée de
OmniScriptum GmbH & Co. KG
Heinrich-Böcking-Str. 6-8, 66121 Saarbrücken, Deutschland / Allemagne
Email: info@editions-croix.com

Herstellung: siehe letzte Seite /
Impression: voir la dernière page
ISBN: 978-3-8416-1970-9

Copyright / Droit d'auteur © 2015 OmniScriptum GmbH & Co. KG
Alle Rechte vorbehalten. / Tous droits réservés. Saarbrücken 2015

Table des matières

PRÉSENTATION 2

RÉFLÉCHISSONS ENSEMBLE… 4

Pourquoi aller à la messe régulièrement?...5

La pile AAA de Noël 7

Une chronique spéciale, pour un temps spécial… 9

le Vendredi saint. 9

Veillée pascale 11

Venez à l'écart et reposez-vous 14

Je ne suis pas digne… 17

Noël s'en vient… 20

Noël… le temps de deux visites 22

Venez, suivez-moi!...24

Vendredi saint… une question est posée à Jésus 26

Transfiguration du Seigneur 28

POUR MIEUX COMPRENDRE… 30

La Pentecôte 31

Pourquoi Jésus a-t-il utilisé du pain et du vin pour instituer l'Eucharistie? 34

Pourquoi parler de « testaments », pour définir les deux grandes parties de la Bible chrétienne? 36

Les « trois Rois » Mages?...38

Bientôt, le mercredi des Cendres ?...41

Dimanche des Rameaux et de la Passion du Seigneur 43

Qu'est-ce que la Bible? 46

    La Bible raconte-t-elle les événements de façon exacte?.......................................46

    La Bible raconte des expériences parfois déroutantes 47

Le Christ Roi de l'univers 49

Carême, temps de *pénitence*?..51

L'onction des malades…   Un sacrement à (re)découvrir 54

EN GUISE DE CONCLUSION… 58

PRÉSENTATION

En tant qu'agent de pastorale, une grande partie de ma tâche est de présenter divers aspects de la foi, des positions et des traditions de l'Église dans un langage actuel. Cette pastorale fait tout à fait partie de ce que l'on entend parler depuis quelques années : la *nouvelle évangélisation*, non pas un « nouvel Évangile », mais une nouvelle façon de transmettre l'Évangile.

Le Message du Christ demeure le même depuis deux mille ans. Ce qui change, c'est la façon de lire les Écritures, les points sur lesquels on met l'accent, la manière, parfois même, de célébrer.

Or, le curé de la Paroisse où j'exerce mes fonctions m'a demandé d'écrire une chronique mensuelle. Elle prend diverses formes. Parfois, je présente une « capsule historique » qui tente d'expliquer d'où vient telle ou telle autre tradition. À d'autres moments, je présente un commentaire personnel sur un texte biblique ou sur une fête du calendrier liturgique, et bien d'autres formes de textes.

En fait, cette chronique utilise les diverses formes d'animation que j'utilise lors des activités que je vis avec l'un ou l'autre groupe de personnes avec qui je chemine. Et oui, je dis bien que je chemine avec ces personnes car lorsque l'on anime une activité ou que l'on rencontre une personne pour l'aider à faire un bout de chemin dans sa vie de foi, on ne peut pas ressortir de ces rencontres exactement pareil à ce qu'on était auparavant. On marche aux côtés des personnes et on apprend à mieux exprimer et comprendre sa propre foi, en même temps que l'on aide l'autre.

Dans le présent ouvrage, je vous offre une sélection de ces chroniques. Vous remarquerez que certains textes sont précédés d'une courte « mise en contexte », dans le but de vous aider à mieux saisir les circonstances dans lesquelles ceux-ci ont été rédigés.

L'ouvrage est divisé en deux parties : une première regroupe des textes de réflexion ou de méditation, tandis que la seconde partie regroupe plutôt des textes à caractère « didactique ». À l'intérieur de chaque partie, les textes sont tout simplement classés selon l'ordre chronologique de leur publication sur le site internet de la Paroisse.

Puissent ces textes inspirer ou guider vos réflexions, dans votre quotidien. Bonne lecture!

RÉFLÉCHISSONS ENSEMBLE...

Pourquoi aller à la messe régulièrement?

Lorsque l'on me pose la question : « pourquoi devrais-je aller à la messe régulièrement? », je réponds habituellement « parce que j'aime le Christ ». Ensuite, je dois habituellement étoffer ma réponse, car souvent la personne devant moi ne comprend pas.

Aller à la messe, prendre du temps pour prier, pour méditer la Parole de Dieu... c'est donner du temps au Christ pour être avec moi, et me donner du temps pour être avec le Christ. Si je me dis chrétien, il est normal que je lui rende visite de temps à autre, que je lui accorde du temps pour l'écouter.

Imaginez un couple d'amoureux qui ne prendrait jamais le temps de passer une soirée ensemble, qui ne se rendrait jamais visite l'un l'autre... Imaginez des amis qui ne se verraient jamais, qui ne se téléphoneraient pas, qui ne se donneraient jamais de nouvelles... Pensez-vous sincèrement que l'amour ou l'amitié durerait longtemps?

C'est la même chose avec Dieu. Si je ne prends jamais (ou presque) le temps de le rencontrer dans la prière, dans les sacrements (surtout l'Eucharistie), dans la méditation de sa Parole... je risque de l'oublier rapidement. Heureusement, Lui est toujours là, prêt à m'accueillir. Mais je dois accepter de lui laisser de la place dans mon horaire.

Et, si je ne prends pas de temps pour apprendre à connaître quelqu'un, je risque fort de ne pas comprendre ce qu'il a envie de me dire... Avec le Christ, c'est la même chose, si je ne me mets pas régulièrement à son écoute, je ne comprendrai probablement jamais son message...

Souvent, je compare la vie spirituelle à une éponge : si on veut que l'éponge puisse être utile, il faut aller la tremper dans l'eau propre de temps en temps. Si on ne le fait pas assez souvent, l'éponge répandra de la saleté, plutôt que de nettoyer et, à la longue, si je ne la retrempe vraiment pas assez souvent, elle se desséchera et elle deviendra raide, comme mon cœur qui ne reviendrait pas se retremper dans l'Amour de Dieu de temps à autre, disons… au moins une fois par semaine, peut-être?

Octobre 2012

La pile AAA de Noël[1]

Avez-vous remarqué combien de piles nous utilisons pour faire fonctionner les appareils que nous recevons en cadeau à Noël? Et, puisque plusieurs de ces appareils sont compacts, nous y mettons des piles de format AAA.

Et, si on pense au sens premier de la fête de Noël (la naissance de Jésus, Dieu prenant notre Humanité), on pourrait dire que c'est d'une pile AAA dont nous avons besoin pour la vivre, cette fête.

« A » pour **Amour**. L'Amour de Dieu pour nous, son peuple. L'Amour que Jésus nous a demandé de partager dans notre famille, notre cercle d'amis, notre communauté. Amour que le Christ nous demande de porter envers nos ennemis, ceux qui nous blessent, qui nous font de la peine ou du mal. Amour que nous sommes invités à témoigner à ceux et celles que nous croisons sur notre chemin et qui n'ont pas la chance d'être aimés : les défavorisés, les itinérants, les malades, les ainés seuls dans leur chambre de HLM… Parfois, il ne s'agit que d'un sourire, d'un clin d'œil ou d'un simple bonjour, pour mettre un peu de joie dans le cœur d'une personne.

« A » pour **Annoncer**. Annoncer la Bonne Nouvelle autour de soi. Et point n'est besoin de grimper sur un banc public, au centre commercial, pour se mettre à lire à tue-tête des extraits de l'Évangile. On peut bien mieux annoncer le Christ par nos gestes d'entraide, d'écoute, de partage. Annoncer la présence de Dieu dans notre vie devrait surtout passer par nos actes. Je ne souviens pas qui a dit cette phrase mais elle

---

[1] Inspiré de : ROY, Alain, *Au quotidien... Avent et Noël 2011*, Montréal, Les Éditions Novalis, 2011, p. 28

est tellement vraie : *Ne parlez pas du Christ mais agissez pour qu'on vous demande de le faire.*

« A » pour **Accueillir**. Accueillir Dieu qui se manifeste à nous dans la crèche ou dans le voisin qui nous sourit ou encore dans la voisine qui nous demande un petit coup de main. Accueillir l'étranger qui doit se refaire une vie dans un nouveau milieu. Accueillir l'ado qui se rebelle contre l'autorité ou le système. Il ne s'agit pas ici de se renier soi-même dans ses convictions, bien au contraire! Si j'accueille l'autre avec bonté, délicatesse et respect, sans porter de jugement, sans condamner… ne fais-je pas comme Jésus a fait lui-même?

Alors, je pense bien que Dieu nous invite à mettre des piles AAA dans notre cœur, en cette fête de Noël qui s'en vient!

Décembre 2012

Une chronique spéciale, pour un temps spécial…
le Vendredi saint.

Mise en contexte : Il y a quelques années, j'avais rédigé le texte ci-dessous, pour ouvrir une méditation du Chemin de la Croix. Je vous l'offre pour méditer en cette Semaine sainte.

Le Vendredi saint, nous suivons Jésus du jardin de Gethsémani jusqu'au Calvaire… Mais, rappelons-nous que le Calvaire est une étape sur notre chemin de foi. Ce chemin, il a débuté lorsque nous avons suivi l'Étoile de Bethléem. Nous avons alors rencontré un Dieu de tendresse, sous la forme d'un petit bébé.

Ensuite, ce bébé est devenu un enfant, puis un homme. Cet homme s'est retiré au désert pendant quarante jours, pour ensuite nous inviter à marcher à sa suite. Il a prêché l'amour, l'entraide, la paix. Il a voulu chambouler les vieilles habitudes. Il nous a demandé de débarrasser notre cœur de ses vieilles croûtes qui l'empêche d'aimer d'un amour pur.

Après environ trois ans à enseigner ses contemporains, il a laissé à ses amis et disciples, en quelques heures, trois signes d'un amour profond, vrai, pur et inconditionnel.

Le premier : le service aux autres, en nouant le tablier, pour se mettre à genoux, lui le Rabbi, le Maître, devant ses disciples et, humblement, leur laver les pieds.

Le second : il a dicté le mémorial de SA Pâque. Au début du repas, il consacre le pain comme étant son Corps. Le Pain qui nourrit; le Pain qui, lorsque nous l'avons mangé, se fond à notre propre corps. À la fin du repas, il consacre le vin comme étant son Sang versé pour le Salut de la multitude. Le Vin qui, après que nous l'aurons bu, s'unira à notre propre sang, pour circuler dans nos veines. Dieu qui s'unit intimement à notre corps pour que nous vivions de Sa Vie.

Le troisième : il meurt pour nous. Il accepte de donner sa vie pour nous convaincre que son Amour est plus grand que tout. Son amour pour nous est plus fort que son bien-être. Nous sommes plus importants à ses yeux que sa propre vie.

Sur la croix, il va même jusqu'à avoir un geste de tendresse pour sa mère, en demandant à un de ses Disciples de la protéger et de prendre soin d'elle.

Ses disciples sont au pied de la croix et le voient mourir, lui qui leur avait promis la Vie Éternelle. Ils se sont mêlés à la foule et espèrent le voir triompher de la mort et s'arracher lui-même à cette situation. Au contraire, il rend l'âme, comme les deux brigands crucifiés à ses côtés.

Ils vont aller se cacher, de peur que le peuple ne leur réserve le même sort qu'à Jésus.

Nous, nous savons que de cette croix s'écoule, avec le sang de Jésus, l'espoir de la Résurrection. Mais, pour les Disciples, ce sont plutôt l'espoir tout court et le rêve d'un monde meilleur qui s'écoulent.

Nous vénérons, ce jour, la Croix de Jésus. Puisque cette croix est l'étape nécessaire au plus grand miracle de Dieu. L'étape nécessaire pour que le sens du message de Jésus prenne toute sa valeur.

Nous qui avons suivi l'Étoile de Bethléem jusqu'au Calvaire, nous savons que dans quelques jours, elle deviendra le Soleil du triomphe de la Vie sur la mort.

Mars 2013

Veillée pascale

Mise en contexte : Ce texte a été composé, à l'origine, pour préparer l'assemblée à vivre la Veillée Pascale. Quelques années plus tard, j'ai repris ce texte, en le modifiant légèrement, afin d'en faire une « chronique ».

Nous marchons à tâtons dans la nuit. Notre ardeur est refroidie car le Christ est au tombeau...

Lui qui avait proclamé être le Chemin, la Vérité et la Vie. Lui qui était censé être la lumière du monde... il s'est éteint et... nos espoirs avec lui.

Mais, soudain, dans la nuit, nous voyons tout à coup briller un « Feu nouveau »! Une flamme, soudain, éclaire notre chemin! Une flamme qui réchauffe notre cœur!

Le Christ est ressuscité! Alléluia!

Au cours de la célébration de la veillée pascale, nous allumons le cierge pascal, qui représente le Christ, notre lumière. Nous suivons cette lumière, puis nous puisons à cette flamme le feu nécessaire pour allumer notre cierge et, ensuite, nous nous transmettons cette même flamme, issue du Christ. Nous partageons cette joyeuse lumière.

Même si le cierge pascal nous a donné sa flamme, il n'en brille pas moins fort. Même si nous transmettons la flamme de notre cierge aux personnes qui nous entourent, celui-ci n'éclaire pas moins... bien au contraire! Plus il y a de gens qui puisent à la flamme de notre cierge, plus la lumière autour de nous augmente.

Le Christ nous donne sa lumière pour que nous la partagions et non pas pour que nous la gardions pour nous seuls.

Depuis des siècles, la lumière est utilisée par l'être humain pour servir de guide, de point de repère. Nous pouvons penser aux marins qui s'orientent en se fiant aux étoiles, les bouées de signalisation utilisées en marine pour signaler un obstacle ou pour guider loin des hauts fonds, les phares, sur le bord de la mer...

Les véhicules d'urgence ou les véhicules qui travaillent sur nos routes, de nos jours, utilisent des lumières de diverses couleurs pour signaler leur présence. Lorsque, sur la route, il y a un danger, on installe des balises lumineuses ou des flèches lumineuses pour diriger le flot de la circulation.

Parfois, lorsque je circule le soir ou la nuit sur un chemin de campagne, si je ne suis pas sûr de mon chemin, je m'oriente en cherchant les lumières de l'autoroute. Et, au pire, si je ne retrouve pas mon chemin, je vais chercher une maison ou un commerce où il y a de la lumière, pour aller demander de l'aide. Combien cela est rassurant, à ce moment-là, de voir poindre de la lumière au bout de ma route. Quand on voit qu'il y a de l'éclairage, on se sent soulagé, parce qu'on n'est plus « seul, au milieu de nulle part ».

Alors, en cette nuit pascale, le Christ Ressuscité nous offre sa lumière apaisante, rassurante.

De même que lorsque je tombe en panne d'auto, pour signaler ma présence, j'allume mes feux de détresse, j'ai l'impression que, parfois, Dieu allume des lumières sur notre chemin pour nous signaler sa présence. Est-ce que je comprends le message? Si Dieu allume des feux d'alerte sur ma route, est-ce que je ralentis ou est-ce que je passe mon chemin sans faire attention... sans LUI faire attention?

Le naufragé, sur son île déserte, allume des feux sur la plage pour signaler sa présence et demander qu'on aille le chercher...

Dans ma vie trépidante de tous les jours, il arrive que Dieu allume un, deux, trois feux, lampes, gyrophares, pour que je lui fasse attention... mais... moi, je ne les regarde pas toujours...

Avril 2013

Venez à l'écart et reposez-vous

« Les apôtres se réunissent auprès de Jésus et ils lui rapportent tout ce qu'ils avaient fait et tout ce qu'ils avaient enseigné. Il leur dit : « Vous autres, venez à l'écart dans un lieu désert et reposez-vous un peu. Car il y avait beaucoup de monde qui venait et repartait, et eux n'avaient pas même le temps de manger. Ils partirent en barque vers un lieu désert, à l'écart.
Les gens les virent s'éloigner et beaucoup les reconnurent. Alors, à pied, de toutes les villes, ils coururent à cet endroit et arrivèrent avant eux.
En débarquant, Jésus vit une grande foule. Il fut pris de pitié pour eux parce qu'ils étaient comme des brebis qui n'ont pas de berger, et il se mit à leur enseigner beaucoup de choses. »
(Mc 6, 30 – 34)

Un peu avant l'extrait de l'Évangile que je vous propose ci-dessus, on avait vu Jésus envoyer les Douze, deux par deux, proclamer la conversion, chasser les esprits impurs, opérer des guérisons en son Nom.

Maintenant, ils sont de retour. Ils sont fatigués. Ils ont « travaillé fort ». Jésus les incite maintenant à prendre un peu de temps pour se reposer. Si nous lisons le texte trop vite, nous voyons qu'ils n'auront pas eu beaucoup de temps de repos : une foule immense les attend sur l'autre rive.

Cependant, avez-vous remarqué que ce n'est pas eux qui travaillent à leur descente de la barque? Non! C'est Jésus qui est pris de pitié pour la foule et qui se met à enseigner.

Les Douze ont eu quelques heures de repos et d'intimité avec leur Rabbi. Ils ont eu un peu de temps pour se réjouir de leurs retrouvailles.

Jésus n'est pas un tortionnaire! Il leur accorde du temps pour reprendre leur souffle.

Il prend aussi le temps de donner un enseignement à la foule rassemblée là. Puis, après avoir « enseigné beaucoup de choses », donc après quelques heures où autant la foule que les Douze ont pu se ressourcer aux paroles de Jésus, celui-ci multipliera les pains et les poissons, pour nourrir tout ce beau monde. Ce n'est qu'à ce moment-là que les Douze « reprendront du service ».

Dans d'autres extraits de l'Évangile, on voit Jésus lui-même prendre du temps pour se retirer à l'écart et se reposer, prier, se retrouver en intimité avec son Père.

Nous arrivons, ces jours-ci, à ce que nous appelons la « période des vacances ». Et cette période estivale, où on peut s'accorder du temps pour ralentir le rythme de nos activités de travail, pour retrouver le plaisir de relaxer, de prendre du temps pour faire des activités en plein air, pour se prélasser au soleil (ou à l'ombre) et à la chaleur, nous est donnée pour refaire le plein d'énergie.

On ressent parfois, tout de même, un genre de culpabilité face au fait de s'arrêter. On ne devrait pas! Il est bénéfique de briser la routine pour nous reposer, refaire nos forces, laisser notre stress de côté le temps de quelques semaines.

Je dis souvent l'importance de prendre du temps pour se ressourcer, pour recharger nos batteries en parlant de « l'orange et l'éponge ». Je donne cette image : si l'on prend une orange et qu'on la presse pour en faire sortir le jus, on aura un breuvage rafraîchissant, agréable au goût et vivifiant. Par contre, si après avoir extrait tout le jus de l'orange, on continue à la presser, on en arrivera à en faire sortir un liquide âcre, amer, désagréable au goût. On jette alors l'écorce et on se souvient de l'amertume de ce qu'on a fini par goûter. Et si on trempe une éponge dans du jus, on la gorge de liquide et on la presse dans un verre. Le jus sera rafraîchissant, vivifiant, agréable au goût. Lorsqu'on aura bien pressé notre éponge, si on a encore soif, on ira la retremper dans le jus et, ensuite, nous pourrons en faire sortir le jus qui sera tout aussi bon et rafraîchissant.

Une autre façon de voir l'éponge est de la regarder comme un outil de nettoyage. Si on veut laver un mur (ou autre chose) avec une éponge, on devra la retremper dans de l'eau propre, de temps à autre. Sinon, dans un premier temps, on ne fera qu'étendre de la saleté et, dans un deuxième temps, si on laisse notre éponge à l'air… elle sèchera et deviendra raide, jusqu'à ce que l'on aille la tremper à nouveau dans du liquide.

Nous pouvons considérer que les vacances sont le moyen que nous prenons pour être des éponges, plutôt que des oranges. Le Seigneur nous appelle à être des éponges, et non des oranges! Alors : Bonnes vacances! Bon été!

Juillet 2013

Je ne suis pas digne…

« Jésus était entré à Capharnaüm; un centurion de l'armée romaine vint à lui et le supplia ' Seigneur, mon serviteur est au lit, chez moi, paralysé, et il souffre terriblement.' Jésus lui dit : 'Je vais aller le guérir.'

Le centurion reprit : 'Seigneur, je ne suis pas digne que tu entres sous mon toit, mais dis seulement une parole et mon serviteur sera guéri. Ainsi, moi qui suis soumis à une autorité, j'ai des soldats sous mes ordres; je dis à l'un : 'Va' et il va, à un autre : 'Viens', et il vient, et à mon esclave : 'Fais ceci', et il le fait.'

À ces mots, Jésus fut dans l'admiration et dit à ceux qui le suivaient : 'Amen, je vous le déclare, chez personne en Israël, je n'ai trouvé une telle foi. Aussi, je vous le dis : Beaucoup viendront de l'orient et de l'occident et prendront place avec Abraham, Isaac et Jacob au festin du Royaume des cieux, et les héritiers du Royaume seront jetés dehors dans les ténèbres; là, il y aura des pleurs et des grincements de dents.'

Et Jésus dit au centurion :'Rentre chez toi, que tout se passe pour toi selon ta foi.' Et le serviteur fut guéri à cette heure même. » (Mt 8, 5-13)

« Seigneur, je ne suis pas digne que tu entres sous mon toit, mais dis seulement une parole et mon serviteur sera guéri. » Cette parole du centurion… il me semble qu'elle ressemble beaucoup à une phrase que nous répétons, lors du partage eucharistique…

Si le centurion romain avait tellement la foi en Jésus qu'il était sûr que celui-ci réussirait à guérir son serviteur malade, sans même avoir à l'approcher… et que cela a fonctionné…

On sait que les Romains, à l'époque de Jésus n'étaient ni juifs, ni « chrétiens ». Et, pourtant, ce gaillard que devait être le centurion, a eu le courage de s'approcher de Jésus qui, déjà à ce moment-là, était remis en question (un juif qui remet lui-même en question les scribes et les Anciens, qui veut « réécrire » la Loi, ce bonhomme déjà dans la mire des prêtres et des dirigeants du peuple juif), pour aller lui demander de « faire un miracle » pour son serviteur… Et Jésus, lui, n'hésite aucunement à non seulement accorder ce vœu au centurion, mais en plus, le cite en exemple devant ses Disciples et la foule rassemblée...

Alors, imaginez la force de ce que peut faire l'accueil du Christ lors du partage eucharistique que nous vivons. Au moment où je m'apprête à recevoir le Christ chez-moi, en ma plus profonde intimité, en mangeant son Corps... si je reconnais ma faiblesse, mon impureté, mon indignité à le recevoir, moi qui ai certainement (malgré ma bonne volonté) quelques « encoches mal taillées », combien le Christ est prêt à me guérir!

Vous imaginez-vous à quel point Dieu peut m'accorder son soutien, sa tendresse, son amour, à moi qui me dis Chrétien? À moi qui affirme ma foi en ce Dieu de bonté?

On répète souvent cette phrase « Seigneur, je ne suis pas digne de te recevoir, mais dis seulement une parole et je serai guéri. » Mais est-ce que l'on réfléchit encore au sens de cette phrase?

Prenons-nous vraiment le temps de penser à ce que l'on dit, en prononçant cette phrase? Ou est-ce qu'on a plutôt tendance à ânonner de façon automatique cette belle profession de foi?

Parce que dire cette phrase devrait, il me semble, être fait avec conviction et respect. Elle devrait être répétée avec sincérité... Et elle résume en une seule et courte phrase notre *Credo*. Nous aurions beau répéter le Symbole des Apôtres ou même le Symbole de Nicée-Constantinople par cœur, je crois sincèrement que lorsque nous disons cette simple phrase « Je ne suis pas digne de te recevoir, mais dis seulement une parole et je serai guéri » nous faisons, en 18 mots, une des plus belles professions de foi en Dieu! Nous affirmons haut et fort que Dieu est tendresse et miséricorde!

Cette simple phrase est peut-être un des plus grands actes de foi que nous puissions poser! Nous affirmons que notre Dieu est un Père aimant qui, en envoyant son Fils sur terre, nous a, d'une part, prouvé son Amour inconditionnel et, d'autre part, laissé son Esprit de lumière pour guider nos pas.

Nous reconnaissons que ce Dieu est tellement un Dieu de miséricorde qu'il nous permet de l'accueillir jour après jour, semaine après semaine, en nous, sous la forme du Pain Eucharistique, pour qu'il puisse se lier à notre essence même, pour nous soutenir au long du chemin qu'Il a tracé devant nous.

Et, de son côté, Dieu nous accueille quand nous disons cette phrase. Il nous redit, comme un bon père, qu'il nous aime et qu'il est prêt à nous pardonner nos écarts de conduite. Comme un bon père, il dit à son enfant : « Oui, tu ne te comportes pas toujours comme je voudrais que tu agisses... Oui, il t'arrive de ne pas penser à moi comme j'aimerais que tu me gardes toujours dans tes pensées... Oui, il t'arrive de décider de faire ta vie comme tu l'entends et sans te soucier de mes conseils... Mais, tu es mon enfant et je t'aime! »

Alors, aujourd'hui, lorsque je répéterai « Seigneur, je ne suis pas digne... » est-ce que ce ne serait pas une bonne idée de fermer les yeux et de peser chacun de ces 18 mots, quitte à prendre dix secondes au lieu de quatre pour les dire, mais les dire avec conviction et respect?

Août 2013

Noël s'en vient...

Une scène tirée du film "La Nativité" m'a fait réfléchir afin de tenter de comprendre pourquoi Dieu s'est-il manifesté dans une si grande simplicité... Dans cette scène, on voit Joseph qui regarde tendrement Marie tenant l'Enfant, tandis qu'un rai de lumière éclaire l'endroit.

On devine sans peine, dans cette scène, l'inconfort de l'endroit... On y voit un rai de lumière, éclairant la Sainte Famille...

Oui, Dieu a choisi un endroit étonnant pour se manifester à son peuple : une étable, loin du domicile de ce couple à qui Il a confié une mission si spéciale!

Dieu veut, encore aujourd'hui, nous étonner. Il veut venir nous visiter dans nos lieux les plus déstabilisants.

On sait que ce sont des bergers en tenue de travail, qui n'ont pas eu le temps d'aller prendre un bain ou changer de vêtements, qui ont été les premiers à venir adorer le Dieu incarné. Encore aujourd'hui, Il veut nous voir accueillir son Amour, sa Tendresse dans notre simplicité, sans artifice, avec notre cœur tel qu'il est.

Ce Dieu qui se manifeste sous les traits d'un petit enfant veut nous dire que ce qu'il demande d'abord est que nous lui donnions notre amour, notre attention. Il se révèle sous des traits fragiles dès son entrée en ce monde... qu'il quittera sous les traits fragiles d'un homme battu, bafoué, torturé et crucifié.

Et si nous revenons à notre image : le rai de lumière rend très bien le sens de la venue de cet Enfant : il vient éclairer nos ténèbres d'une nouvelle lumière : la lumière de Dieu! Il vient nous dire « Laisse-moi éclairer ta route! »

Il est facile de Lui répondre « Oui! Je te confie ma vie, mes projets; fais-en ce que Tu veux! »

Moins facile à faire qu'à dire! Combien de fois ai-je dit cette phrase, dans ma vie, mais s'est-elle plutôt révélée être « Je te confie ma vie, mes projets; fais-en ce que Tu veux… à condition que Ta volonté corresponde à la mienne! »

Dieu nous demande de lui faire confiance. Peut-être voulait-il, en entrant dans notre monde sous la forme d'un petit bébé, nous donner un exemple de ce qu'il attend de nous. En effet, un bébé ne peut survivre, ne peut grandir, que si ses parents s'occupent de lui. Dieu voulait probablement nous faire comprendre que pour avoir part à son Royaume, il faut redevenir comme ce bébé qui est dépendant de l'amour et de la tendresse de ses parents.

Alors, en cette fête de la Nativité qui s'en vient, essayons de nous abandonner entre les mains de Dieu.

Décembre 2013

Noël... le temps de deux visites

En ce temps de préparation à la grande fête de Noël, je vous propose de réfléchir sur deux extraits de l'Évangile qui traitent de deux événements qui ont suivi la naissance de Jésus : la visite des bergers (Lc 2, 8-20) et la visite des mages (Mt 2, 1-12).

Deux événements intimement reliés l'un à l'autre... même si on a peut-être tendance à l'oublier.

En effet, l'évangéliste Luc nous dit que dès la naissance de l'Enfant, les bergers sont avisés de se mettre en route pour aller rendre hommage au Dieu Nouveau-né.

Eux, pas très riches, peu instruits, humbles, sales, rejetés de la société, vivant dans les champs, portant des vêtements sobres et usés... Ils sont tout de même les premiers à apporter leurs hommages à Celui qui est venu racheter leur âme...

Au même moment, à des kilomètres de là, nous dit l'évangéliste Matthieu, des mages riches, instruits, savants, vêtus de tissus fins, respectés de leur entourage, vivant dans des palais... se mettent en route, avec leur suite, vers ce même Enfant... pour rendre hommage, eux aussi, à Celui qui est venu sauver leur âme.

Les uns laissent là ce qu'ils ont de plus précieux, leur troupeau, pour aller au-devant de l'Amour universel de Dieu pour son peuple. Les autres quittent la somptuosité de leurs palais pour entreprendre un voyage qui durera plusieurs semaines, voire des mois, afin de rencontrer l'Amour universel de ce Dieu de tendresse...

Avez-vous remarqué que les deux groupes dont il est question ici ont en commun qu'ils se déplacent, se mettent en route, pour répondre à un appel? Les deux groupes doivent marcher et chercher l'Enfant. Dieu lance une invitation à aller le rencontrer, mais on doit accepter de faire soi-même un bout de chemin pour répondre à son appel. Il en est de même encore aujourd'hui : Dieu nous fait signe, à chacun et chacune de nous, afin de nous dire qu'Il est là et nous attend, Il nous donne un rendez-vous. À nous de décider de nous y rendre...

Aussi, avez-vous remarqué que les deux groupes sont différents? Les bergers sont des Juifs, des Israélites, des membres du Peuple élu (même si la société de leur époque les considère comme des parias), qui sont appelés à aller à la rencontre de leur Dieu. De leur côté, les mages sont des païens, probablement des prêtres de Zoroastre, qui sont, eux aussi, appelés par le même Dieu à une rencontre qui changera probablement leur vie...

L'Enfant né à Noël est venu apporter à l'Humanité entière l'Amour et la Tendresse. Aux pauvres et aux riches; aux blancs et aux noirs; aux hommes comme aux femmes; aux instruits autant qu'aux illettrés... sans aucune distinction!

Il est venu réconcilier le Ciel et la Terre, Dieu et la Création...

À chacun et chacune de nous de décider de prendre la route vers la Crèche, pour aller y retrouver le Dieu-fait-homme pour nous apporter un Message de paix universelle.

Joyeux Noël!

Décembre 2014

Venez, suivez-moi!

« Venez, suivez-moi » (ou sa variante « Viens, suis-moi »), cette phrase, que Jésus adresse à ceux qui deviendront ses premiers disciples, il la répétera de très nombreuses fois, au cours des trois années de sa vie publique. Il l'a dite pour les huit autres Apôtres, il l'a répétée à Marie Madeleine, à Zachée, à l'homme riche et à combien d'autres...

Mais aussi, il l'a répétée, par la bouche de ses apôtres, depuis deux mille ans, à chacun et chacune de nous.

"Suis-moi", je te ferai vivre une belle aventure: l'aventure de l'Amour et de la Miséricorde; une aventure qui ne sera pas tous les jours facile: tu devras renoncer à certaines choses, à certaines habitudes, à peut-être une certaine richesse. Mais... tu trouveras toujours, au tournant de la route que je t'invite à suivre, une riche et douce récompense.

Si tu me suis sur cette route, tu vivras en paix, tu verras la tendresse de mon Père, tu recevras la Vraie Vie!

Lorsque Jésus me dit "Viens, suis-moi", il m'invite à m'engager sur un chemin sur lequel je devrai semer la paix, le pardon, le réconfort. En retour, je récolterai les fleurs de la sérénité, les fleurs de l'harmonie, les fleurs de la paix intérieure.

Jésus m'invite, pour le suivre, à ne pas juger la personne qui est à côté de moi. Il me demande de pardonner à celui ou celle qui me fait du mal. Il ne me demande pas de tout encaisser sans mot dire. Non! Mais il m'incite à ne pas tenir rancœur ou rancune à la personne qui m'a blessé. Comme disait Abbé Pierre: "Pardonner, c'est le don parfait, au-delà du don."

Simon, André, Jacques et Jean étaient des pêcheurs qui connaissaient l'art de prendre du poisson et non des orateurs aguerris… Lévi (que l'on connaît mieux sous le nom de Matthieu) était un collecteur d'impôts... et on sait que les collecteurs d'impôts avaient la réputation de prendre un peu plus que ce que César demandait.

Pourtant Jésus a regardé ces quatre ouvriers, et Lévi, le collecteur d'impôts, et a vu que ceux-ci avaient un cœur bon et, alors, il leur a dit "Viens, suis-moi", comme il le redit et le redit encore et encore à chacun et chacune de nous.

Suis-je donc prêt, aujourd'hui, à répondre à cet appel qui m'est adressé? Suis-je prêt à m'engager sur cette route dont je ne vois pas d'avance l'itinéraire précis? Suis-je prêt à accepter cette mission, en faisant confiance à Dieu, qui me la confie malgré mes faiblesses, mes travers, comme Jésus a choisi des hommes simples pour l'accompagner dans son ministère, puis pour leur confier la mission d'« Aller dans le monde entier, porter la Bonne Nouvelle à toute la création » *(Mc 16, 15)*?

Janvier 2015

Vendredi saint... une question est posée à Jésus

Dans l'Évangile selon saint Jean (18, 37-38), on voit, pendant que Pilate interroge Jésus, celui-ci affirmer « ... je suis venu dans le monde pour ceci : rendre témoignage à la vérité. Tout homme qui appartient à la vérité écoute ma voix. » Et Pilate lui demander : « Qu'est-ce que la vérité? »

Il a pu poser cette question sur bien des tons...

Sur un ton impatient, comme pour dire « Allez! Réponds! Cesse de parler à demi-mots! De ta réponse à cette question peut dépendre le sort que je te réserve, entre te laisser vivre ou te faire crucifier! J'ai bien trop d'autres choses à régler pour perdre mon temps avec toi qui ne réponds pas à mes questions ou qui, s'il 'daigne bien ouvrir la bouche', ne prononce que des phrases vagues, imprécises, nébuleuses! »

Sur le ton de celui qui est avide de savoir, de comprendre, pour être en mesure de rendre un verdict éclairé...

Sur un ton amusé, le ton de celui qui se dit que, peu importe ce qu'est cette « vérité », il est tellement facile de la biaiser pour la faire parler à son propre avantage...

Sur un ton songeur, comme celui qui s'interroge lui-même sur le sens de la vérité. Celui qui se questionne sur sa propre capacité à discerner la vérité. Celui qui réalise que son interprétation de la vérité le mènera peut-être à libérer un coupable ou à faire mourir un innocent...

Peu importe le ton que Pilate a utilisé, il est évident que cette phrase démontre qu'il sentait qu'il lui manquait des pièces au *puzzle* pour bien comprendre la cause qui était instruite devant lui, afin qu'il rende un verdict juste.

Et pour moi, aujourd'hui, qu'est-ce que la vérité ? Je suis appelé, chaque jour, à porter des jugements sur les événements qui m'entourent, sur les décisions que le Gouvernement prend (ou songe à prendre), sur les débats concernant des sujets qui auront un grand impact sur la société dans laquelle je vis : l'avortement, l'euthanasie, les mesures à prendre pour contrer le terrorisme, les peines à imposer aux délinquants de toute sorte, la « Charte des valeurs », les signes ostentatoires religieux à autoriser ou non, les aménagements d'horaire de travail visant à permettre la pratique religieuse à consentir ou à refuser…

Jésus a été condamné à mort et, des condamnés, on en voit encore de nos jours… dans tous les pays du Monde…

Que ce soit les ressortissants américains qui se font prendre en otage, puis tuer, en Afghanistan ou ailleurs… que ce soit les civils qui sautent en même temps que leur autobus sur lequel un terroriste vient de tirer une roquette… que ce soit l'animateur-jeunesse qui est soupçonné de pédophilie parce qu'on a lu, quelque part, qu'il y a un animateur-scout qui a commis des indécences avec des jeunes dont il avait la charge… que ce soit la question de la peine de mort à rétablir ou pas…

Et JE porte moi-même tous les jours des jugements. Sur les gens qui m'entourent, sur les événements de l'actualité…

Alors, MOI, sur quel ton est-ce que je me demande « Qu'est-ce que la vérité ? »… et suis-je prêt à en assumer les incidences sur ma vie, lorsque je l'aurai trouvée ?

Avril 2015

Transfiguration du Seigneur

« Jésus prit avec lui Pierre, Jacques et Jean, et les emmena à l'écart, seuls, sur une haute montagne. Là, devant eux, il fut transfiguré. » (Mc 9, 2)

Jésus transfiguré sur la montagne! Je vois ici une invitation de la part du Seigneur à m'engager, à ma façon, à transformer, à *transfigurer*, le Monde.

En effet, nous vivons actuellement dans une société qui en valeur le confort personnel, alors que le Christ m'invite plutôt à partager avec les plus démunis. Et quand je dis « démunis », je ne parle pas seulement des personnes démunies monétairement! Parce que, si je regarde bien autour de moi, je verrai certainement un bon nombre de personnes qui ont besoin de ma chaleur humaine, de mon écoute.

Quand je regarde ces personnes, je suis appelé à faire preuve de charité envers elles, que le Seigneur met sur ma route. La charité peut passer par la chaleur de l'accueil que je fais à cette personne qui vient à l'improviste me demander de lui accorder un peu de temps, même si elle frappe à la porte de mon bureau cinq minutes avant la fin de ma journée de travail… Je peux aussi faire preuve de charité en m'opposant à ce que l'on ridiculise la personne qui a un problème d'élocution ou, encore, en me rappelant que la personne âgée qui « radote » a droit à mon respect.

Transfigurer le Monde, ça peut très bien commencer dans mon entourage. Si je fais un petit effort pour mettre un peu plus de joie, d'amitié dans mon entourage immédiat, je risque que cette joie et cette amitié rejaillissent sur d'autres personnes, comme un effet « domino ». Un peu comme ce qui arrive parfois dans un groupe de personnes (qui même, peut-être, ne se connaissent pas), lorsque quelqu'un se met à rire… Combien de fois voit-on rapidement les autres personnes autour se mettre, à leur tour, à sourire ou même à rire?

À mon tour de trouver un petit geste « anodin » à poser afin de répandre un peu de joie, de paix, d'amitié autour de moi. C'est ainsi que je pourrai, à ma mesure, *transfigurer* le monde et témoigner que Jésus Christ est en moi.

Août 2015

POUR MIEUX COMPRENDRE...

La Pentecôte

Voyons ensemble quelle est la signification et l'histoire de cette fête...

Le mot « Pentecôte » nous vient du grec ancien *pentèkostè*, qui signifie « cinquantième ». En grec moderne, on prononce « *pénticosti* ». On célèbre donc cette fête le cinquantième jour après Pâques.

Pourquoi célébrer le 50e jour après la Résurrection? Parce que l'on sait que, dans la Bible, les chiffres et les nombres ont souvent une signification symbolique. Par exemple, le chiffre « 7 » symbolise la plénitude. Or, justement, le chiffre important auquel on doit se référer pour arriver à cinquante est le 7.

Nous célébrons la Pentecôte sept semaines (de sept jours) après Pâques. Bien sûr que vous me direz que 7 fois 7, égale 49. Vous avez raison, si vous compter les jours de la façon moderne. Mais, selon la façon antique de compter les jours, le premier compte pour un jour. Ce qui fait que nous arrivons à cinquante, et non 49.

Mais nous parlons ici de la Pentecôte **chrétienne**. Car à l'origine, il s'agissait d'une fête **juive**, tout comme la fête chrétienne de Pâques trouve son origine dans la fête juive de la Pâque. En effet, la fête juive que l'on a traduite par le grec *pentèkostè*, en hébreu se nomme *Shavouôte*, ou « fête des semaines » ou « fête des prémices ». Cette fête juive était d'abord une fête agricole. La Pâque juive correspond aussi à une fête agricole : la fête des semences.

Les Hébreux ont donné un sens religieux à la fête des prémices, en la reliant à la célébration du don de la Torah.

Pour les chrétiens, la Pentecôte correspond au don de l'Esprit Saint. Si Pâques célèbre la Résurrection, la Pentecôte inaugure le temps de l'Église. L'Esprit Saint, promis par Jésus, descend sur les apôtres, pour les guider, les conseiller, les assister dans leur prédication et leur apostolat.

Au jour de la Pentecôte, tel que nous le rappelle le livre des Actes des Apôtres, les disciples sont bouleversés par un bruit étonnant, voient l'Esprit venir sur eux et se sentent remplis de cet Esprit Nouveau, qui leur fait mieux comprendre les mystères de Dieu, les événements des derniers jours, la prédication et le message de leur Rabbi. Ils se sentent investis d'une mission : aller répandre la Bonne Nouvelle de la Résurrection de Jésus.

Dans le texte des Actes des Apôtres, on raconte que l'Esprit se manifeste de trois façons aux disciples :

- Un grand bruit
- Un violent coup de vent
- Des langues qu'on eût dites de feu

Ces trois signes sont symboliques et on les retrouve fréquemment dans l'ensemble de la Bible, lorsque l'Esprit de Dieu se manifeste. En effet, pensons aux récits suivants, pour ne citer que ceux-là :

- Le Buisson Ardent
- Le don des Tables de la Loi
- La transfiguration
- La traversée du désert (colonne de nuée et de feu qui marche devant le Peuple)

Le tableau ci-dessous met en relation le sens des fêtes juives originelles (agricoles) avec les fêtes juives religieuses, puis avec le christianisme.

FÊTE JUIVE AGRICOLE	FÊTE JUIVE RELIGIEUSE	FÊTE CHRÉTIENNE	SYMBOLE CHRÉTIEN
Semences On sème, on espère, c'est un nouveau début.	*Pessah (Pâque)* Passage de l'esclavage en Égypte à la Terre promise	*Pâques*	Passage de l'esclavage de la mort à la liberté de la vie
Shavouôte Prémices On commence à voir et à récolter les fruits de ce qui a été semé.	Don de la Torah, de la Loi de vie	*Pentecôte*	Don de l'Esprit, inauguration de l'Église

Mai 2013

Pourquoi Jésus a-t-il utilisé du pain et du vin pour instituer l'Eucharistie?

Tout d'abord, rappelons-nous que c'est au cours d'un repas qu'Il a institué ce mémorial.

On pourrait dire que le pain est l'aliment de base de toute personne, et le vin est le breuvage de la fête.

Aussi, remarquez que le pain est fait de farine. Pour fabriquer de la farine, on broie des grains de blé. Plusieurs grains de blé font la farine qui, une fois pétrie avec de l'huile et de l'eau, devient la pâte que l'on cuit au feu pour faire le pain. Une fois le pain cuit, il est impossible de distinguer les grains de blé les uns des autres. Ils forment un seul pain, comme le Christ ne fait qu'un avec nous.

Pour faire du vin, on broie des raisins, pour en faire un moût qui, après avoir fermenté, devient du vin. Encore ici, il est impossible de distinguer de quel grain de raisin provient une goutte de vin.

Autant pour le pain que pour le vin, on peut rapprocher le processus de préparation à la Passion du Christ :

- Les grains de blé, les raisins ont été **broyés** / Jésus a été « **broyé** » (flagellé, battu) avant d'être mis en croix

- La pâte et le raisin ont fermenté, ont subi un **temps de maturation** avant de devenir pain et vin / Jésus a dû mourir et **rester au tombeau un certain temps** avant de se révéler de façon évidente comme Messie

- Les grains de blé et les raisins ont été « fusionnés », **unis de façon irréversible** / Le Christ s'est **uni à son** Église (à nous) de façon irréversible

- Le pain et le vin sont **nourriture pour le corps** / L'Hostie et la Coupe sont **nourriture pour l'âme**

Et, il faut savoir que le pain et le vin sont aussi une nourriture et un breuvage exclusifs aux êtres humains. En effet, les animaux se contentent de brouter, de boire l'eau qui est à leur portée et, s'ils mangent de la viande, ils la mangent crue et non apprêtée.

D'ailleurs, lorsque le prêtre prépare les offrandes, à la messe, il prononce une bénédiction qui dit : *Tu es béni, Dieu de l'Univers, toi qui nous donne ce pain fruit de la terre **et du travail des hommes**. Nous te le présentons...* puis, *Tu es béni, Dieu de l'Univers, toi qui nous donne ce vin, fruit de la vigne **et du travail des hommes**. Nous te le présentons...*

En terminant, parlons d'un symbole qui passe souvent inaperçu, à la messe : le prêtre ajoute une parcelle d'hostie dans le calice juste un peu avant de communier... Ce geste tient son sens de ce qui est arrivé le vendredi saint et le jour de Pâques. En effet, le vendredi, Jésus est mort en croix et son corps exsangue a été mis au tombeau, puis, au matin de Pâques, Jésus est ressuscité avec son corps et son sang. En mettant une parcelle d'hostie (Corps exsangue) dans la coupe (contenant le Sang du Christ), le Corps et le Sang sont à nouveau réunis de façon inaltérable, irréversible. C'est donc ici un geste qui signifie la Résurrection de Jésus.

Juin 2013

Pourquoi parler de « testaments », pour définir les deux grandes parties de la Bible chrétienne?

Effectivement, lorsque l'on entend, aujourd'hui, le mot « testament », on pense tout de suite au document qu'une personne rédige pour que son entourage puisse respecter ses « dernières volontés » après son décès. Ce document qui stipule la forme des obsèques que la personne désire, la répartition de ses biens, etc.

Alors, pourquoi parler des deux « Testaments », lorsque l'on se réfère à la Bible?

Le mot « Testament » pour identifier les deux parties de la Bible chrétienne nous provient de la traduction en grec du texte originellement écrit en hébreu et en araméen. Le mot hébreu *berith* signifie « Alliance ». Ce terme exprime la relation intime de Dieu avec le peuple qu'il a choisi.

Cependant, les traducteurs grecs de ce que nous appelons aujourd'hui l'Ancien Testament ont opté pour le mot « testament », à plusieurs reprises, lorsqu'ils ont traduit les livres saints pour la communauté juive vivant en milieu grec. Ce mot est tout aussi correct, puisqu'il réfère à un acte gratuit. Demandons à l'exégète Jean-Louis d'Aragon de nous donner sa version de ce qui a pu justifier ce choix :

> Le mot « Testament » de nos éditions de la Bible provient de la traduction grecque du texte hébreu original. En effet, la Septante traduit régulièrement l'hébreu *berith*, « Alliance », par le terme grec *diathèkè*, « Testament ». Peut-être a-t-on voulu insister en traduisant de la sorte sur la gratuité de l'Alliance, puisque le bénéficiaire d'un testament ne fait rien pour mériter l'héritage; il ne peut que l'accueillir (Galates 3. 15,18)[2].

---

[2] Jean-Louis d'Aragon, *Notre Bible Comment nous est-elle parvenue?*, Montréal, Société biblique canadienne, 1994, p. 4

De plus, si on se réfère au mot latin *testamentum*, qui devient « testament » en français, on trouve une autre bonne raison de parler des deux testaments.

En effet, *testamentum* est un mot, dont la famille étymologique est à la racine des mots français testament, attester, attestation… et, en anglais, *testify, testimony*… Tous des mots qui réfèrent au témoignage solennel, juridique, ferme. **Mon interprétation personnelle** ici est que la Bible, autant dans l'Ancien Testament que dans le Nouveau Testament, présente sous diverses formes le témoignage solennel de ceux et celles qui ont rencontré, à divers moment de l'Histoire, *YHWH*, Dieu, le Seigneur, ou Jésus…

En terminant, je voudrais répondre à une question qui m'a été posée dernièrement, au sujet de la façon de nommer les deux Testaments. En effet, depuis quelques années, un certain nombre de personnes ont commencé à parler du « Premier » et du « Deuxième » Testaments, au lieu des termes « Ancien » et « Nouveau ». Ces personnes jugent que de parler d'Ancien Testament peut sembler péjoratif, tandis que d'autres parlent de « respect pour les Juifs », d'autres encore donneront divers arguments pour justifier cette nouvelle appellation. Disons que, dans le fond, les deux appellations demeurent valables et correctes. Pour ma part, je suis de ceux qui continuent de parler de l'Ancien et du Nouveau Testaments. Mais je ne vois aucune raison de créer un débat sémantique à ce sujet.

Octobre 2013

Les « trois Rois » Mages?

Le 6 janvier, l'Église célèbre l'Épiphanie... la fête des « trois Rois Mages »...

En fait, lorsque nous lisons attentivement le texte biblique où l'on parle de ces personnages (Mt 2, 1-13), nous devons nous rendre à l'évidence que ceux-ci n'étaient ni « rois » ni « trois » !

Voici le texte, selon la traduction de la Bible des Peuples :

> *Jésus était né à Bethléem de Juda, au temps du roi Hérode ; alors, des pays de l'Orient, des mages arrivèrent à Jérusalem et demandèrent : "Où se trouve le roi des Juifs qui vient de naître ? Nous avons vu son étoile à l'orient et nous sommes venus pour lui rendre hommage."*
>
> *Quand le roi Hérode l'apprit, il en eut un choc, et tout Jérusalem avec lui. Il réunit tous les chefs des prêtres et ceux qui enseignaient la religion au peuple, car il voulait leur faire préciser où devait naître le Christ. Ils lui firent cette réponse : "C'est à Bethléem de Juda. Car il est écrit dans le livre du prophète : Toi, Bethléem en Juda, tu n'es pas le dernier des chefs-lieux de Juda, car c'est de toi que sortira le chef, le pasteur de mon peuple Israël."*
>
> *Alors Hérode convoqua les mages en secret et leur fit préciser le moment où l'étoile leur était apparue. Il les mit sur le chemin de Bethléem et leur dit : "Allez là-bas et tâchez de bien vous informer sur cet enfant. Si vous le trouvez, vous me le direz, et moi aussi j'irai lui rendre hommage."*
>
> *Après cette entrevue avec le roi ils se mirent en route, et voici que l'étoile qu'ils avaient vue en Orient les conduisait. Finalement elle s'arrêta au dessus de l'endroit où se trouvait l'enfant. Revoir l'étoile fut pour eux une grande joie ; ils entrèrent dans la maison, ils virent l'enfant avec Marie sa mère et ils se prosternèrent pour l'adorer. Ils ouvrirent alors leurs coffres et lui firent des cadeaux : de l'or, de l'encens et de la myrrhe.*
>
> *Ils reçurent alors un avertissement au moyen d'un rêve : ils ne devaient pas revoir Hérode. Ils repartirent donc vers leur pays par un autre chemin.*
>
> *Après le départ des mages, un ange du Seigneur vint se manifester à Joseph au cours d'un rêve.*

Or, le texte parle de « mages » mais ne les qualifie pas de « rois » et, d'autre part, le texte ne spécifie pas le nombre de mages...

Essayons d'y voir un peu plus clair et de comprendre qui étaient donc ces personnages et, ensuite, pourquoi en sommes-nous arrivés à dire qu'ils étaient « trois rois »...

La Bible ne fait mention qu'à trois endroits de personnes que l'on appelle des « mages » : dans le texte de Matthieu ci-dessus, une mention très vague dans l'Ancien Testament, au livre de Jérémie (Jr 39, 13) où l'on donne la liste des personnes qui sont déléguées par le roi Nabuchodonosor pour aller chercher le prophète et, finalement, une autre mention vague dans le livre des Actes des Apôtres (Ac 13, 8).

Des textes extrabibliques définissent les « mages » comme des prêtres d'une religion païenne.

Cependant, en lisant bien le texte de Matthieu, voici ce qu'on peut comprendre de ce que sont ces « mages » :

- Probablement des astronomes/astrologues qui scrutent le ciel pour s'adonner à une forme de pratique divinatoire : « *Nous avons vu son étoile à l'orient et nous sommes venus pour lui rendre hommage* ».
- Ils sont des « non-juifs ». En effet, ils sont originaires de pays lointains et ne connaissent pas tellement les prophéties du peuple juif.
- Ils sont probablement des hommes instruits et savants. D'ailleurs, en anglais, ils sont appelés « *Wise men* » (hommes intelligents/savants)

Selon les exégètes, leur présence auprès de l'Enfant Jésus vise très certainement à montrer que le Fils de Dieu s'est incarné pour tous les êtres humains, toutes les nations. En effet, on sait que Mathieu adresse son récit évangélique à une communauté judéo-chrétienne qu'il invite à s'ouvrir aux autres nations. On peut mettre en relation le texte de l'Évangéliste Luc qui, lui, nous rapporte la visite des bergers (des juifs, mais des parias de la société), montrant ainsi que le Fils de Dieu est venu pour les pauvres, les délaissés, les simples. Tandis que Matthieu nous met en présence de païens qui viennent rencontrer Jésus.

Alors, il est maintenant temps de tenter de comprendre pourquoi on a tendance à attribué le titre de « roi » aux mages venus d'Orient.

Probablement par le fait qu'ils ont, selon le texte évangélique, un accès direct et rapide à être reçus par le roi Hérode, qui ne devait pas recevoir tous les voyageurs qui passaient sur son territoire... Aussi, on les voit offrir des cadeaux précieux, somptueux et onéreux à l'Enfant, suggérant qu'ils soient riches (et, dans la société de l'époque, qui étaient les riches?... souvent les rois).

Et d'où vient le nombre « trois »? Encore ici, on peut facilement supposer que le calcul se fait très simplement : trois cadeaux = trois mages! Par contre, le texte ne mentionne aucunement leur nombre. Tout ce que le texte nous permet de comprendre, c'est qu'ils sont au moins deux.

En terminant, laissez-moi vous souhaiter que l'année qui vient soit remplie de bonheur, de santé et de bénédictions divines!

Janvier 2014

Bientôt, le mercredi des Cendres ?

Le début du Carême catholique est marqué par le geste de l'imposition des cendres. Ce geste est hérité de la tradition juive comme démarche de conversion. Chez les juifs, la signification des cendres sur la tête était un témoignage de pénitence, de deuil et de tristesse. On voit à quelques reprises, dans l'Ancien Testament, que se couvrir la tête de cendres - et à l'origine de se revêtir aussi d'un sac - est une ancienne pratique pénitentielle qui remonte au peuple hébreu (Jonas 3.5-9 : Jérémie 6.26 ; 25- 34 ; 2S 13, 19)

Le mercredi des cendres peut tomber n'importe quel mercredi entre le 4 février et le 10 mars, en fonction de la date de Pâques (Nous verrons, dans une prochaine chronique, comment on détermine la date de Pâques). Les cendres qui proviennent normalement des rameaux de l'année précédente, brûlés pour l'occasion, sont déposées sur le front des fidèles. Le ministre qui impose les cendres dira une des formules suivantes, inspirées de la Bible : « Convertissez-vous et croyez à l'Évangile » (Marc 1, 15) ou « Souviens-toi que tu es poussière et que tu retourneras en poussière » (Genèse 3, 19).

Même si les cendres sont imposées sur le front ou la tête, qui est le siège de l'intelligence et de la pensée, c'est aussi (peut-être même surtout) le cœur qui est visé. Les paroles que le célébrant prononce, invitent le croyant à se rappeler sa fragilité, à s'interroger sur sa destinée, à se convertir, c'est-à-dire à remettre sa vie en conformité avec l'Évangile.

Le Carême est une période de 40 jours voués à la réflexion, où le chrétien est invité à réfléchir d'une façon toute particulière à sa vie de disciple du Christ. Lorsque j'étais enfant, il était clairement établi ce qu'il fallait faire durant ces 40 jours. Aujourd'hui, l'Église nous laisse libres d'en organiser nous-mêmes les détails, selon notre personnalité. Par contre, n'oublions pas les trois voies qui nous sont encore de nos jours offertes : la prière plus intense, l'ascèse (la privation de certaines « douceurs ») et la charité plus ardente. Laisser de côté certaines réalités inutiles ou encombrantes dans notre marche vers le Seigneur, prier et méditer un peu plus la Parole, être un peu plus charitable (pas nécessairement monétairement mais aussi, et peut-être surtout, dans notre agir), cela ne devrait pas nous faire mourir...

Aux personnes qui me diront « c'est bien beau être charitable pendant 40 jours, mais que fais-tu du reste de l'année? », je suis tenté de répondre que la charité que la prière plus intense et l'ascèse m'auront permis de vivre laissera certainement des traces dans la vie de mon entourage et, bien sûr, dans la mienne!

Le Carême, qui débutera cette année le 5 mars, est un temps qui permet de se rappeler qu'il est important de se réserver des temps de remise en question, des temps de « bilan », pour pouvoir réévaluer si on agit vraiment en conséquence de son baptême et de son engagement chrétien.

Le Carême, est une route poussiéreuse, oui, mais elle nous mènera, dans quelques semaines, à la joie de nous présenter à la messe de Pâques avec un cœur plus pur, plus dégagé.

Bon Carême!

Dimanche des Rameaux et de la Passion du Seigneur

Le dimanche précédant Pâques, nous célébrerons le dimanche des Rameaux ET de la Passion... Deux événements de la vie de Jésus commémorés le même jour?

En effet, le dimanche qui précède Pâques, nous nous rappelons l'entrée messianique de Jésus à Jérusalem, puis, au cours de la même messe, nous lisons le récit de la Passion selon l'un des trois récits synoptiques (Matthieu, Marc et Luc). Nous reviendrons dans une prochaine chronique sur ce que sont les « évangiles synoptiques ».

En fait, si on se fie à ce que nous disent les récits évangéliques au sujet des jours précédant la crucifixion de Jésus, on en arrive à dire que celui-ci est entré à Jérusalem environ une semaine avant d'être mis en croix. C'est pourquoi nous fêtons son « entrée messianique » ou son « entrée glorieuse » à Jérusalem. Dans le texte évangélique que nous lisons au cours de cette célébration, on mentionne que « La foule était très nombreuse ; certains étendaient leurs manteaux sur le chemin, d'autres coupaient des rameaux sur les arbres et en couvraient le chemin. » (Mt 21, 8 et parallèles). C'est de cette phrase que nous vient la tradition du dimanche des rameaux.

Nous ne pouvons pas passer sous silence cet épisode de la vie de Jésus : c'est LE moment où le peuple (ou, à tout le moins, une bonne partie du peuple) reconnaît en lui le descendant de David tant attendu, le Messie.

Cependant, il est aussi normal de nous rappeler que Jésus a été crucifié quelques jours plus tard. Nous « encadrons » donc la semaine sainte en lisant le récit de la Passion et de la mort du Christ.

Ici, faisons une parenthèse pour comprendre pourquoi nous parlons de la « Passion » du Seigneur. Que signifie donc ce mot de « Passion » ?

Tout d'abord, si on consulte un dictionnaire, on verra qu'il s'agit de l'action de souffrir (le verbe « pâtir » va dans le même sens). Or, il est évident que l'on peut donner le nom de « Passion » aux souffrances que Jésus a vécues dans les heures qui ont précédé la crucifixion. Et on aurait bien raison de s'en tenir à cette vision des choses.

Par contre, le mot « passion » revêt aussi un autre sens, quand on parle d'un état affectif intense et irraisonné qui domine quelqu'un… Un époux ne dit-il pas qu'il aime « passionnément » son épouse? Ou la mère ne dit-elle pas la même chose de son mari ou de ses enfants?

Selon moi, il est tout aussi correct de donner cette définition à la « Passion de Jésus ». En effet, il est venu montrer l'amour intense, au-delà de la raison (humaine), au-delà de toute mesure, que Dieu a pour l'Humanité : la « Passion » de Dieu pour nous…

Donc, Jésus a « vécu sa Passion », autant parce qu'il a accepté les outrages, la violence, les coups, les souffrances, la mort, qu'on lui a infligés, que parce qu'il voulait prouver sa « passion », son amour passionné pour nous.

Terminons cette chronique en expliquant comment est déterminée la date de Pâques.

Puisque la fête de Pâques, pour les Chrétiens, est la fête de la Résurrection, du Printemps de Dieu, où le Christ revient à la vie, la date de Pâques est calculée selon l'astronomie. En fait, nous célébrons Pâques le premier dimanche qui suit la première pleine lune du printemps. Donc, le plus tôt que la fête de Pâques peut être célébrée est le 22 mars et le plus tard qu'elle peut être célébrée est le 25 avril.

Avril 2014

Qu'est-ce que la Bible?

La Bible raconte-t-elle les événements de façon exacte?

Si je vous demandais de raconter un événement de votre vie qui s'est déroulé il y a plusieurs années...

Ne pensez-vous pas que vous oublieriez certains détails, même importants? Ne pensez-vous pas que si une autre personne racontait le même événement, elle le ferait de façon un peu différente, en oubliant certains détails que vous auriez fournis et en fournissant d'autres détails que vous auriez omis? Est-ce que ces différences rendraient l'un ou l'autre récit faux? En fait, vous rapporteriez (l'un et l'autre) l'événement selon ce qui vous aurait marqué le plus.

Un autre exemple, si je raconte ma soirée à l'opéra à deux personnes différentes, l'une étant musicienne et l'autre décoratrice d'intérieur... Il est fort probable que je ne mettrai pas l'accent sur les mêmes détails. À la musicienne, j'insisterai certainement sur la qualité du chant, tandis qu'à la décoratrice, je vanterai plutôt la beauté des décors.

Lorsqu'on lit la Bible, c'est un peu ce qu'on doit garder en tête : l'auteur livre SA perception de l'événement et, aussi, il adaptera son récit pour rejoindre l'auditeur à qui il s'adresse.

Et, justement, il faut se rappeler qu'une très grande partie de la Bible a été transmise de génération en génération par voie orale, avant d'être mise par écrit.

Il y a un concept dont il faut se rappeler : la Bible livre une *vérité théologique (religieuse)*, beaucoup plus qu'un récit *historiquement exact*.

Il faut s'attarder à trouver le message que l'auteur voulait livrer, plutôt qu'à cerner la chronologie exacte et les gestes précis qui ont été posés. Pour bien illustrer ce concept, je donne souvent l'exemple d'un texte qui varie légèrement lorsqu'on le cite de mémoire, mais aussi d'une traduction de la Bible à une autre : Mt 18, 21-22. C'est le récit où Pierre demande à Jésus « combien de fois doit-on pardonner ». Une personne citant le texte de mémoire, dira que Jésus a répondu « soixante-dix fois », une autre dira « soixante-dix-sept fois », une autre encore « soixante-dix-sept fois sept fois ». Si on va vérifier le texte dans la Traduction Œcuménique de la Bible, on lira que Jésus a dit « soixante-dix fois sept fois », tandis que dans la Bible des peuples, on lira « soixante-dix-sept fois »... En cherchant l'*exactitude historique*, je me dirais que l'un des textes est erroné. Par contre, si je cherche la *vérité théologique*, il n'y a aucun problème puisque le sens du texte est le même : il faut pardonner sans cesse, sans mesure.

La Bible raconte des expériences parfois déroutantes

On s'attend, lorsqu'on lit la Bible, à y trouver des histoires et des récits édifiants, beaux, pacifiques. Cependant, la Bible ne raconte pas seulement des histoires « saintes ». Les personnages qu'on y voit évoluer ne sont pas tous des modèles à suivre... loin de là! La Bible raconte l'histoire d'une humanité en **recherche** de paix, de liberté, de vérité. Cependant, il faut être conscient que le peuple de la Bible est en **recherche**, justement. Ce peuple n'a pas fini d'évoluer.

La Bible parle essentiellement de la relation d'amour que Dieu veut établir avec l'Humanité. Elle nous présente un Dieu fidèle malgré les « écarts », les erreurs, les infidélités de l'humanité.

Il faut souvent remettre les textes dans leur contexte historique, si on veut pouvoir y déceler le message que l'auteur voulait livrer. Il est donc important, lorsque l'on veut lire la Bible, de ne pas hésiter à poser des questions à des gens qui ont une formation en études bibliques ou à aller consulter les notes en bas de page ou les introductions aux livres de la Bible.

Août 2014

Le Christ Roi de l'univers

La fête du Christ Roi a été instaurée en 1925, par le pape Pie XI. Il voulait ainsi affirmer la compétence religieuse de l'Église dans le domaine profane, d'où la mentalité moderne entend parfois l'exclure.

Pie XI veut alors revendiquer, pour l'Église, le droit et le devoir de rappeler aux puissances politiques qu'elles ne sont qu'au service de l'Humanité. Il n'y a pas de pouvoir absolu sur terre… Tout pouvoir dépend de Dieu.

Il faut se rappeler ici qu'à ce moment, la Première Guerre Mondiale ne s'est achevée que sept ans auparavant. Le contexte de la société est encore « fragile » de ces souvenirs.

Par contre, on doit rappeler que l'image du Christ Roi nous vient tout de même d'une encore plus ancienne tradition. En effet, les premiers chrétiens célébraient la royauté du Christ en « obéissant à Dieu plutôt qu'aux hommes » (Ac 5, 29). Aux trois premiers siècles des communautés chrétiennes, le christianisme était un ferment de résistance très puissant contre l'absolutisme impérial de Rome.

Alors, Pie XI, en 1925, remet en « avant-scène » la Royauté du Christ. Il souligne ainsi l'importante primauté du cléricalisme et du triomphalisme. Avec l'évolution du temps et les nombreux changements affectant la vision politique mondiale, la perte de vitesse dans la plupart des pays de la monarchie et les nouvelles façons de voir et de vivre le christianisme, la fête du Christ Roi est perçue autrement, de nos jours.

Depuis Vatican II, au milieu des années 1960, l'Église a plutôt tendance à insister sur la distinction entre le Royaume de Dieu et les régimes politiques.

Si on regarde les textes qui sont maintenant utilisés dans la liturgie, nous constatons que nous cherchons à orienter nos projecteurs, pour utiliser une référence au prestige que nous accordons aux rois et reines actuels (pensons ici aux reportages dont font l'objet les mariages royaux ou princiers), vers un Roi qui se distancie du « Dieu-Empereur ».

Les textes liturgiques utilisés sont répartis sur trois années. Ainsi, cette année, nous lisons l'Évangile selon saint Matthieu, où l'on montre un Roi qui demande des comptes sur la qualité du service que son peuple a rendus, sur la qualité de l'attention portée aux faibles et aux démunis. L'an prochain, nous lirons un texte de l'Évangile selon saint Jean, où on voit Jésus, lors de sa Passion, être questionné par Ponce Pilate au sujet de sa Royauté. On voit donc un Roi qui sera bientôt couronné d'épines, avant d'être flagellé et crucifié. Et la troisième année, nous lirons un extrait de l'Évangile selon saint Luc où Jésus est carrément en croix, juste un peu avant de pardonner au « Bon Larron » et de rendre l'Esprit.

La célébration du Christ Roi était, autrefois, soulignée avant tout par la fête de Pâques, de l'Épiphanie, de la Transfiguration, du Dimanche des Rameaux ou de l'Ascension. On voit d'anciennes fresques, mosaïques ou icônes du Christ de Majesté, le « *Pantocrator* », c'est-à-dire celui qui gouverne tout.

De nos jours, le Christ Roi de l'univers est célébré le dernier dimanche de l'année liturgique, afin de donner à cette fête une nouvelle signification : nous fêtons le Christ conduisant l'humanité et l'univers à leur glorieux achèvement.

Novembre 2014

Carême, temps de *pénitence*?

On m'a demandé, dernièrement, pourquoi faut-il un temps de **pénitence**, le Carême, pour nous préparer à fêter Pâques... nous, Chrétiens, qui avons été sauvés par Jésus?

N'est-ce pas là une attitude rétrograde, ancienne, dépassée, que de parler de pénitence?

N'est-ce pas un retour en arrière? L'Église qui est censée présenter un Dieu d'amour inconditionnel, un Dieu de miséricorde, nous demande encore de faire pénitence...

Une personne qui avait pris ses distances avec l'Église pendant plusieurs années m'a déjà dit : « J'avais quitté cette Église qui ne parlait que de péché, de se repentir, de pénitence... Et tu viens encore me parler qu'il faut faire des actes de contrition? Moi, je ne veux plus de cette Église! »

ATTENTION!!! Il faudrait peut-être réviser quelques notions et quelques définitions... pour bien comprendre les mots que l'on utilise!

Tout d'abord, voyons ce que le lexicographe du *Centre National de Ressources Textuelles et Lexicales (CNRTL),* un organisme aucunement relié à l'Église, géré par des linguistes, nous donne comme première définition du mot « pénitence » :

> 1. *THÉOL. CHRÉT., au sing.* Regret intérieur et effectif de ses fautes, accompagné de la ferme volonté de les réparer et de ne plus y retomber.[3]

---

[3] Centre National de Ressources Textuelles et Lexicales [site internet], http://www.cnrtl.fr/definition/pénitence

Autrement dit, il s'agit de reconnaître que, malgré toute ma bonne volonté, je ne suis pas parfait, qu'il m'arrive de faire des erreurs, des faux pas et que je peux m'améliorer, pour devenir meilleur.

Allons voir, maintenant, la définition que le *CNRTL* donne du mot « mortification » :

> 1. *RELIG.* Ressentir le regret d'un péché avec le désir de le réparer et de ne plus y retomber. […]
> 2. *P. ext.* Regretter vivement une faute, une faiblesse.[4]

Le sens est assez proche de la définition fournie pour la « pénitence ».

Puis, allons voir la définition du mot « péché » :

> **A.** – *RELIG.* [Dans les relig. monothéistes, *en partic.*, dans la tradition judéo-chrétienne] Acte libre par lequel l'homme, en faisant le mal, refuse d'accomplir la volonté de Dieu, se séparant ainsi de Lui.[5]

À ceux qui me parlent encore du sacrement de la Pénitence, je réponds que le vocabulaire a changé dans l'Église… depuis Vatican II, nous préférons parler du sacrement de la « Réconciliation ». Or, si je commets une erreur, que je manque à mes engagements (en tant que Chrétien) envers Dieu, ce n'est pas Dieu qui brise le lien de confiance, d'amour. C'est moi qui romps le contact… il est donc possible d'aller demander à Dieu, au travers son ministre, de me réconcilier avec lui. Je donne souvent l'exemple du petit enfant qui désobéi à son papa ou à sa maman. N'est-il pas normal qu'il aille voir son papa ou sa maman pour s'entendre dire que malgré son faux pas, son parent l'aime et ne lui tient pas rancune? (Nous pourrons, dans une prochaine chronique, approfondir le sens du sacrement de la Réconciliation.)

Revenons donc, si vous le voulez bien, à notre propos, à savoir : pourquoi un temps de « pénitence » avant Pâques?

---

[4] Ibid., http://www.cnrtl.fr/definition/repentir
[5] Ibid., http://www.cnrtl.fr/definition/péché

Je vous dirais que puisque la fête de Pâques est LA plus grande fête du calendrier liturgique chrétien, il est normal de prendre du temps pour se préparer le cœur à vivre une belle rencontre avec Dieu. (On pourrait dire de même pour la deuxième fête en importance de notre calendrier : Noël.)

Pensez à ce que vous vivez lorsque vous vous préparez à recevoir vos amis, ou votre famille. Si vous avez vécu des différends avec la personne que vous invitez, si vous avez des conflits non-réglés avec elle… pensez-vous que vous allez vivre une belle et agréable rencontre?

Si vous vous apprêtez à recevoir de la « grande visite » chez-vous, ne prendrez-vous pas du temps pour balayer et laver les planchers, épousseter les meubles, faire le ménage de votre maison, avant l'arrivée des invités?

La « maison » où nous nous apprêtons à recevoir Dieu, à Pâques, c'est notre cœur. Alors, le Carême nous est donc donné comme un temps pour épurer notre cœur, y faire le ménage, afin de pouvoir offrir un cœur (une « maison ») libre de nos tracas à Celui qui vient nous redire son Amour.

Bon Carême!

Mars 2015

L'onction des malades… Un sacrement à (re)découvrir

Nous tenterons ici de revisiter un sacrement qui peut faire peur à plusieurs : l'Onction des malades. En effet, au cours du temps, il a été jusqu'à un certain point détourné de sa véritable fonction. Il a été longtemps perçu et, encore aujourd'hui de nombreuses personnes le perçoivent ainsi, comme le sacrement de la mort; celui qu'on donne *in extremis* à la personne à l'article de la mort. Il est plutôt, nous tenterons de le montrer dans cette chronique, le sacrement du soutien sur la route de la maladie.

Ce sacrement, parce que mal compris ou parce que souffrant d'une catéchèse imprécise, a « mauvaise presse » au sein de notre société.

On parle trop souvent de cette onction comme d'une « extrême onction », un geste que l'on pose en dernier recours. À une certaine époque, on le retardait même jusqu'à quelques temps après la mort du destinataire.

Tentons maintenant de le regarder d'un autre point de vue et essayons de mieux le comprendre pour mieux en saisir la beauté. Nous pourrons peut-être alors le présenter de façon plus juste aux personnes que nous côtoyons, en leur montrant qu'il est un cadeau de Dieu et non un gong qui sonnerait le glas d'une vie.

Nous pouvons constater que le nom de ce sacrement n'est pas constant dans la Tradition. En effet, nous pouvons retrouver, tant en Orient qu'en Occident, une variété d'appellations. Nous nous limiterons ici à relever les principales dénominations qui se sont succédées en Occident.

En latin, nous trouvons *oleum sanctum* (huile sainte) ou *oleum chrismatis* (huile d'onction). Nous parlons aussi de *sacra unctio* (onction sacrée) ou d'*unctio infirmorum* (onction à l'infirme). Cette dernière appellation ayant été reprise par Vatican II.

Au Moyen Âge, on emploiera l'expression de *sacramentum exeuntium (sacrement des partants)*, ce qui traduit l'orientation de la pratique de cette époque, que nous explorerons ci-dessous. Vers le IXe ou le XIe siècle, selon la source que l'on consulte, le terme *extrême onction* fait son apparition et se répand dans l'enseignement de l'Église.

Deux tendances majeures se dessinent à travers les siècles, en ce qui a trait à la valorisation des effets du sacrement : l'une valorisant les effets corporels et l'autre les effets spirituels.

En ce qui a trait à la valorisation des effets spirituels, dans la période s'étendant du milieu du VIIe au milieu du Xe siècle, nous pouvons voir les rituels proposer des onctions sur les organes des cinq sens, qui sont considérés comme des entrées pour les tentations pécheresses.

On associe ici l'Onction au sacrement de la Pénitence spécifique à la situation de maladie grave. Ce sacrement de la Pénitence, appelé « Pénitence *ad mortem* » (que nous pouvons traduire par « au moment de la mort), en viendra à être confondu au Sacrement des malades. Nous pouvons déjà ici entrevoir le terme *extrême onction* se tailler une place dans le langage théologique.

Le rite de l'onction est réservé au prêtre.

Le sacrement prend encore plus de profondeur s'il est administré par un ministre qui a pu auparavant prendre du temps pour rencontrer et mieux connaître et comprendre l'histoire du malade. De cette façon, il rendra plus évident la gratuité du Christ présent dans son ministre, afin d'offrir une plus intime communion et un accompagnement mieux concerté dans la lutte en vue d'une guérison.

De par les croyances anciennes et, malheureusement devons-nous l'admettre, erronées, que ce sacrement est destiné uniquement aux mourants et représente dans l'esprit des fidèles un quasi-arrêt de mort pour la personne qui le reçoit, une occasion de recevoir un *signe d'espérance, [...] puissance de réconfort, soutien dans l'épreuve et ferment pour triompher de la maladie si Dieu le veut*[6], est souvent manquée.

Le Sacrement des malades devrait être perçu comme consacrant le temps de la maladie et comme étant destiné à soulager la douleur et vaincre la maladie.

C'est probablement en relisant la formule du rituel, en en pesant chaque mot, que l'on peut le mieux résumer et exprimer l'immense richesse de ce sacrement, un sacrement qui se mesure à l'inépuisable et infinie grâce du Christ :

*Par cette onction sainte,
que le Seigneur, en sa grande bonté,
vous réconforte par la grâce de l'Esprit Saint.
Ainsi, vous ayant libéré de tous péchés, qu'il vous sauve et vous relève.*

En terminant, prenons un moment pour expliquer aussi une expression que l'on entend parfois : « Recevoir les derniers sacrements ». Cette expression est souvent utilisée pour parler du « sacrement des malades ». Cependant, elle signifie plus que cela. En effet, lorsque l'on est en présence d'une personne dont le décès est imminent, l'Église propose de lui offrir, pour une dernière fois, non pas **un** sacrement, mais

---

[6] *Sacrements pour les malades. Pastorale et célébrations*, Paris, Chalet – Tardy, 1977, p. 56

bien **trois** sacrements : le sacrement de la Réconciliation, la Communion eucharistique et, enfin et dans cet ordre, le sacrement des Malades.

Avant de quitter ce monde, la personne pourra ainsi « faire le ménage » dans ses souvenirs, recevoir le Pain de la Vie éternelle et le soutien du sacrement des Malades, en ces derniers moments de sa vie terrestre.

Novembre 2015

EN GUISE DE CONCLUSION...

J'espère bien humblement que les textes que je viens de vous offrir auront su vous aider à réfléchir, à méditer ou à prier.

Je ne puis que vous souhaiter que l'Esprit d'Amour vous accompagne sur votre route, dans votre vie.

De mon côté, je prie le Pasteur des pasteurs qu'il vous protège et vous bénisse, et qu'Il me garde encore longtemps sous sa houlette. Que la joie et l'espérance soit notre lot quotidien au long des jours.

I want morebooks!

Buy your books fast and straightforward online - at one of the world's fastest growing online book stores! Environmentally sound due to Print-on-Demand technologies.

Buy your books online at
www.get-morebooks.com

Achetez vos livres en ligne, vite et bien, sur l'une des librairies en ligne les plus performantes au monde!
En protégeant nos ressources et notre environnement grâce à l'impression à la demande.

La librairie en ligne pour acheter plus vite
www.morebooks.fr

OmniScriptum Marketing DEU GmbH
Heinrich-Böcking-Str. 6-8
D - 66121 Saarbrücken
Telefax: +49 681 93 81 567-9

info@omniscriptum.com
www.omniscriptum.com

www.ingramcontent.com/pod-product-compliance
Lightning Source LLC
Chambersburg PA
CBHW031639160426
43196CB00006B/478